AF311152

CHANSON NOUVELLE,

Sur l'heureux Accouchement de Madame la Dauphine, d'un Prince, né à Versailles le 8 Septembre 1753, nommé par Sa Majesté Duc d'Aquitaine, fils de Monseigneur le Dauphin, & Frere du Duc de Bourgogne.

Sur l'air : *Tirez le canon.*

Composée par Belhumeur, ancien Soldat de Graffin.

QU'elle joye pour les François,
d'apprendre la naissance
d'un Petit-fils d France,
de ce beau rejeton
publions-en le nom,
que cette branche admirable
soit toujours mémorable,
c'est le fils du Dauphin
qui fait notre soutient.

Comment le nommera t-on,
il est comme un soleil
son nom charme l'oreille,
il est comme un bijou
il nous fait les yeux doux
du grand Duc d'Aquitaine,
entonnons de voix pleine
ce couplet de chanson,
qui révere son nom.

Il paroît si brillant
que la Cour de Versailles
en fait les représailles,
pour honorer son nom
l'on tire le canon,
plusieurs Couriers d'importance
partent en grande diligence,
pour aller publier
la naissance assurée

Jour de Nativité,
le huit de Septembre
ce beau poupon si tendre
avant soleil couché
mis nos cœurs en gayeté.
Paris reçois la nouvelle,
sur le champ on appelle
le n aître du clocher
pour bien carillonne.
Le Prevôt des Marchands
& tout l'Echevinage

pour affurer l'hommage
dû à ce nouveau né
ne vont rien épargner.
Ouvriers des plus habiles
paroiffez a la Ville,
le plan eft deffiné
pour ce beau nouveau né.

La Pologne & Hongrie,
l'Efpagne & l'Allemagne
vont fçavoir fans épargne
qu'il eft né à la Cour;
un Prince fait au tour,
Grand Duc d'Aquitaine on le nomme,
frere du Duc de Bourgogne,
fecond fils du Dauphin
le petit Benjamin.

La tige des Bourbons
reparoit floriffante
rendons graces à la plante
& au bon Jardinier
qui l'a fçut arrofer;
beniffons auffi la terre
le grand pere & la mere
qui font que nous chantons,
la gloire des Bourbons.

La Reine eft fi charmée
contemplant fa famille,
en vertu elle brille
protégée du grand Dieu,

qui exauce ſes vœux
vivez très-digne Princeſſe
ſi rempli de tendreſſe
vous méritez l'honneur
dû à votre Grandeur.

   Vivez, cher Dauphin,
Dauphine ſi aimable,
que vos jours ſoient durables,
relevez en ſanté
couronnée d'un laurier
pour honorer la conquête
du grand Duc la fête
allons en action
chanter le *Te Deum.*

CHANSON NOUVELLE,

Compoſée par Belhumeur.

Sur l'air : *de la Marche de ſaint Cloud.*

PLus de chagrin ni triſteſſe,
amis, ſoyons tous contens;
notre très-digne Princeſſe
vient d'avoir un bel enfant,
qui agrandit la Nobleſſe,
du rang des Bourbons puiſſans.
   Sa mere née dedans la Saxe,

nous a produit trois enfans
ces rejettons prendons place
un jour quand ils feront grands ;
à chaque inftant les embraffent
les careffant tendrement.

Son mari auffi traitable
appellé notre Dauphin ,
voyant fes enfans à table
leur coupera-t'il du pain ?
l'on fçait qu'il eft fecourable
& qu'ils n'en manqueront point.

L'on en efpere encor d'autre
fi Dieu les amene à bien ,
ils feront comme les autres.
tous les petits Benjamins
il n'eft jamais trop d'apôtres
auprès d'un grand Souverain.

Prions Dieu que la famille
foit peuplée de conquérant ,
fur-tout quand la vertu brille
auprès d'un Roi fi puiffant
la France a beaucoup d'aziles
pour les placer triomphans.

Nous avons dans la Bretagne ,
de quoi en giter un beau ,
& le Berry fans épargne
voudroit avoir au berceau
un Prince qui fut l'organe
pour chanter coquerico.

Vivez, tous digne famille,
croiffez & multipliez,
les Fleurs de-Lys invincibles
étant de Dieu protéger,
qu'il faudroit plus d'un Achille
pour en flétrir les Lauriers.

CHANSON NOUVELLE,

Sur le même sujet, par Belhumeur, Poete sans étude.

Sur l'air : *de la singuliere Contredanse.*

FRANÇOIS & Po'onois,
exaltons l'heureuse alliance
qui produit naiffance
du fecond Fils de notre Dauphin
aimable deftin,
foyez notre foutien.
Honorons & publions fon nom,
c'eft un rejetton, grand Duc d'Aquitaine,
forti du noble fang de Bourbon,
& le frere du petit Bourguignon.
François, &c.
Ah ! quels charmes il reçoit à ce jour
pour fon arrivée chacun lui fait careffe

fon grand Papa témoigne l'amour
voyant un appui fi brillant à fa Cour ;
il l'embraffe le plus tendrement,
d'une vive ardeur & rempli d'allegreffe,
fa Grande Maman lui en fait autant,
lui difant : Que Dieu croiffe fes ans.
ah ! quels

L'on dépêche par-tout des Couriers,
pour en annoncer l'agréable nouvelle,
fur les routes, chacun eft charmé
de fon arrivée l'on s'empreffe à parler :
fon cher Pere, notre aimable Dauphin,
voyant deux foutiens de fa branche équi-
	table,
De fes yeux les contemple fans fin,
les appellant fes deux Benjamins.
L'on dépêche,

Chers François, que ne ferons-nouspas
dans un pareil cas? foyons des plus trai-
	tables ;
ouvrons nos cœurs, & ne tardons pas
d'aller faluer ce Prince gros & gras ;
Honorons donc le Sang de Bourbon,
tirons le canon ; ah ! qu'il eft admirable :
Vous, Clairons, Baffons & Violons,
Eclatez fon nom dans tous Cantons.
Chers

A Verfailles, où réfide la Cour,
ce n'eft que bon-bance & réjouiffance ;

les Princes & les Seigneurs en ce jour
viennent à son berceau le saluer tour à
        tour.
tout le Château est illuminé,
pour accompagner son heureuse naif-
        sance,
tous les eaux jouent sans discontinuer,
pour l'arrivée de ce nouveau né.
A Versailles.

    Dans Paris, l'on tire les canons,
de tous les côtés, dans la place de Gréve,
les cervelats y croissent à foison,
des pains gros & longs & du vin fort bon,
approchez-vous, gros nez bourgeonnés,
rougissez vos trognes, approchez près des
        tonnes,
Saluons, en vuidant nos cruchons,
le petit Frere du grand Bourguignon.
Dans Paris.

    Quand le soleil sera couché,
la bune arrivée, nous verrons l'artifice,
ce feu placé sur neuf grands pilliers,
orné de trophées, va bien carillonner;
viens, Manon & Fanchon, admirons,
& considérons cette Fête complétte,
avançons nous bien près du salon,
& nous aurons part au carillon.
Quand

CHANSON NOUVELLE,

Sur l'Air : de la Pierre à fuſil.

PAR BELHUMEUR.

MOn Compere, allons voir le feu,
Viens-y donc, nous verrons beau
jeu,
dans la Grêve, c'eſt un plaiſir,
on y boit, on y mange à loiſir ;
des cervelats, du pain & du vin,
tout y va grand train,
pour le Fils de notre Dauph'n ;
tiens, prends ce cruchon, & pouſſons
donc,
faut avoir du front,
pour entrer dans ce gueuleton ;
Ah ! vois-tu ce grand Nicolas,
comme il bafre un gros cervelats ;
j'en aurai, & j'en tâterai,
j'en goûterai, ou je frapperai.
    Vois Guillot notre Porteur d'au,
il en tient tout plein ſes deux ſceaux,
& Michée ce grand Charbonnier,
veut tâter de ce vin frais tiré ;
le Blanchiſſeur de devant chez nous
en boit tout ſon ſou, il en avale comme
un trou,

le Portefaix de notre quartier,
Voulant trop pousser
a reçu un pain sur son nez,
Guillaume notre Brouetteux,
il en boit autant comme deux,
j'en aurai, & j'en tâterai,
j'en boirai sans donner un denier.
    Vois aussi Picard Savetier
qui en tient tout plein ses souliers ;
& l'Auvergnat de Chaudronnier,
enivrés d'avoir lû & mangé ;
apperçois-tu ce grand Marmiton,
qui prend un poelon,
il n'a pas l'air d'un poltron,
je me trouve au droit du robinet
tout à mon souhait je bois
de ce bon vin clairet ;
coulez donc bon vin de Bourbon,
entonnons, soufflons le gorjon,
Qu'a les mains gourdes ne tient rien,
buvons bien pour e Fils du Dauphin,

Couplet du Suisse.
Pour moi liettre tu festin
l'affre pien bu de stiponvin ;
Ché manchir tout plein mon chichier
ti pain & cervelats saisonnés
quoiqui li être pas trop salés
mon choly gosier li être toujours altéré
sans verre & flacons haut le crichon

ché veux faluer d'Aquitaine le petit pou-
       pon ;
lieftre petit fils ty Roy
trinque à moi, chi poirez à toi;
mon lancage eft pas pon françois ;
mais je l'aime toujours fur mon foi.

CHANSON NOUVELLE.

JE garde un excelent Jambon,
   difoit Manon, ah ! qu'il eft b^on ;
mais fi t'en tates, fi t'en goutes ?
tu n'as jamais vu dans ta route,   route,
       route,
un morceau de cette façon ;
je le garde pour mon mignon
mon beau Jambon pour mon mignon
mais fi t'en tate, fi t'en goute.
    Si j'en mayne j'en veux gouter
laiffe m'en donc un peu tater
pour que je n'en fois plus en doute
finon tu me mets en déroute, route, route,
montre-moi donc ce beau jambon;
dépêche-toi montre-moi donc;
ce beau Jambon montre-moi donc
ce beau Jambon pour que j'en goute.
    Non, car tu pourroît t'en vanter
fi je l'avois laiffé tâter
mon beau Jambon fur cette route

personne n'en feroit en doute, doute,
    doute
fi je te montrois mon jambon
je le cache dans mon giron
mon beau Jambon dans mon giron
peur qu'on en tate ou qu'on en goute.
    Quoi tu ne fçais donc pas Manon
que c'eft moi qui fuis ton mignon ;
mais fi j'en tâte, fi t'en goute
donne-moi donc fous cette voute, voute,
        voute
une tranche de ton Jambon
car tu m'as dit qu'il eft fi bon
ce beau Jambon qu'il eft fi bon,
faut que j'en tâte & que j'en goute.
    Tiens prens-en tant que tu voudras,
mais fur tout ne t'en vante pas ;
car fi t'en tâtes fi t'en goutes
n'en parle pas s'il te ragoute, goute goute
la bonté de ce beau Jambon ;
Colin lui répondit que non
nous nous tairons chere Manon
puifque j'en tâte & que j'en goute.

F I N.

Vû l'Approbation, permis d'imprimer à
la charge d'enregiftrement à la Chambre Sin-
dicale, ce 11 Septembre 1753, BER k YER.

Chez la Veuve VALLEYRE, rue de la
Huchette.

CHANSON NOUVELLE,

Vaudeville du Pont-neuf.

Sur l'Air : *de l'Oſtocole : par Belhumeur.*

CHarmante Aliſon, mon charmant tro-
voyons votre complaiſance,   (gnon)
je ſuis garçon, & ſans façon j'avance,
proche un tendron répondez donc,
    Conſtance,
ſi c'eſt votre nom ; puis-je d'affection
vous tirer ma revérence.

La Fille.

Vous l'avez tout drôle, mais c'eſt l'eſprit,
qu'il a de la vigilance,
qu'il eſt poli, qu'il eſt gentil je penſe,
il vient tout doux, ce beau bijou, avance ;
ſi tu ſçais danſer, voyons ton entrée,
tu verras ma complaiſance.

Pierrotauſſi-tôt tira ſon chapeau,
formant un pas en cadence,
d'un air diſpos il ſt un ſaut, Conſtance
lui dit ſoudain : donne la main, balance ;
je vais m'accorder, veux tu continuer ?
tu verras ma complaiſance.   A

Pierrot redoubla par un entre-chat,
qu'il battit avec aifance,
par fix fois il entrelaça, Conftance,
lui dit plus haut, c'eft comme il faut, balance,
me voilà tombée, le pied m'a gliffé,
honni foit qui mal y penfe.

La danfe ceffée Pierrot veut chanter
tout par mefure & cadence,
dieze forcé, fol fa mi ré s'élance,
par un bémol en géréfol, Conftance,
retombe pamée tout en de la ré,
fans perdre de connoiffance.

Conftance animée ne veut plus chanter,
elle demande l'oftocole,
Pierrot en joue d'un air aifé, il vole,
en F ut fa fur un fofa ut fol,
un tendre E fi mi fit dire à Philis,
encore une cabriole.

Ce bel air entier je voudrois folfier,
fur la clef de géréfol,
il femble aifé, ré fa mi ré ut fol,
j'apprendrai bien, ce beau refrein eft drôle,
par car & bécar je ferai l'écart,
encore une cabriole.   (goût)

La belle aux yeux doux y prit tant de
qu'elle employa fon Dimanche,
fur le gazon le beau tendron s'épanche,
Pierrot foudain lui dit demain revanche,
fix beaux entrechats fans faire un faux pas,
font affez pour un Dimanche.

CHANSON NOUVELLE,

Sur l'Air : *de la Casserole.*

Paris tout floriſſant,
que tu eſt agréable,
ton féjour ſi aimable,
fait dire à nos amans,
qu'ils ſe plaiſent en tout tems,
tout y eſt en abondance,
avec de la défiance,
l'on peut ſe divertir,
& prendre des plaſirs.

Etes vous amoureux,
vous trouverez des amantes,
qui ſont belles & charmantes,
la taille & l'eſprit fin :
dans leur doux entretien,
bien appuyées ſur leurs hanches ;
toutes les fêtes & Dimanches,
nos boulevards ſont ornés
de ces rares beautés.

L'Abbé coquet y vient,
promener ſon Aminte,
lui adreſſant complainte,
s'aſſéyant ſur un banc
ſur nos boulevards charmans,

M ij

le Bourgeois & la Nobleſſe,
marchent en délicateſſe,
examinant le cours,
ſi parfait en amour.

L'artiſan, l'Ouvrier,
y prend un petit air,
l'on les voit ſur les ſoirs,
diſcourir en paſſant,
de ce lieu ſi charmant,
& le courteau de boutique
à bien voir il s'applique
toutes les raretés
au Boulevard expoſées.

Ces promenades ornées,
deviennent floriſſantes,
& les belles amarantes,
ſont des plus recherchées,
dans ces lieux enchantés,
l'on y voit des marionnettes,
pluſieurs autres ſornettes,
plus qu'aux champs Eliſés
que l'on a délaiſſés.

N'allez pas vous tromper
quelquefois à la brune,
ou au clair de la lune
l'on y voit du gibier
que l'on doit reſerver,
revenant de la guinguette,
très-ſouvent ces coquettes,

s'affoiront fur un banc
d'un air fort engageant.

Je ne parlerai point,
de ces prudentes & fages,
qui ne font point volages,
c'eft un charme l'Eté,
de les voir promener;
mais pour ces fades fervantes
j'en vois plus de cinquante,
qui tortillent leur cul
d'un air trop furperflu.

Cadédis en paffant,
faifant le petit maître,
il brille & veut paroître
avec douze merlans,
qui lui font compliment;
un garçon de la lancette,
orné d'une brunette,
lui vient choifir un banc
fur nos boulevards charmans.

Tout reparoît naiffant;
dedans ces promenades,
l'on mange la falade
de la bierre & du vin,
Briant n'en manque point,
des patifferies étrangeres,
vous trouverrez chere entiere
& de jolis berceaux
où l'on boit comme il faut.

M ij

S'il vous plaît en paſſant
d'entrer dans ma boutique ;
elle eſt des plus comiques,
ſans payer de loyer,
je veux vous récréer,
mettez la main à vos poches,
crainte d'avoir reproche,
Belhumeur en paſſant,
vous dit ſon ſentiment;

CHANSON NOUVELLE,

Sur l'Air : *ſur un Orme couché nonchalament.*

Veux-tu Fanchon
me donner du bonbon
point de façon
avec ton mignon,
je t'en rendrai
de ſucré ſans tarder
du plus friand
déſiré des amans
ah ! ſi tu veux
nous en aurons tous deux
rend donc heureux
ton amant malheureux.

donne m'en donc
ma petite Fanchon.

Tu es malin,
trop perfide Colin ;
je ne veux point,
ôtes de la ta main,
t'en souvient-il
un jour après-midi ;
quand t'en eûs pris
aussi-tôt tu le dis ,
mais si t'en goutes
si t'en tâtes, si tu en as
& si t'en magnes,
si t'en prens ? reste-là
car tu verras que tu t'en passeras.

Mon soin flatteur
adoucira ton cœur,
& ta rigueur,
changera en douceur,
j'en ai gouté
& taté ? c'est assez
d'en demander,
je ne veux me lasser
ah ! qu'il est bon,
ton excellent bonbon
donne m'en donc
ma petite Fanchon,
je t'aimerai
autant que je vivrai.

Non trop joli'
car ça l'ufe, mon fils,
tu fais recit
de mes raifins confits
tu n'auras rien
viens demain au matin
tu verras bien
le fruit de mon jardin,
mais fi t'y touches
fi t'en magnes, fi t'en fuces
& fi t'en gouttes
fi t'en tâtes, fi t'en as
oui tu aurois
par ma foi fur tes doigts.

CHANSON NOUVELLE.

Le Berger trompé par Colette.

Sur le même air.

NOn non Colette n'eftpl us fidele
elle m'a trahi fa foi,
non non Colette n'eft plusfidele
elle m'a rrahit fa foi,
l'aurois-je jamais crû d'elle
moi qui chériffoit fa loi,
a-t'elle droit, quoique belle,

de se séparer de moi
Non non , &c.

Je lui jurois n'aimer qu'elle,
elle, de suivre mes loix ;
mais une flame nouvelle
l'a rendu sourde à ma voix.
Non non , &c.

Quoi une ardeur immortelle
souffe-t'elle un autre choix ,
ah ! cette flame éternelle
n'étoit donc que pour un mois.
Non , non, &c.

J'ai connu l'ardeur nouvelle
& ce glorieux Berger ,
lorsqu'il lui prouva son zele
l'autre soir dans son verger.
Non, non, Colette n'est plus fidele ,
la perfide m'a changé.

Dessus un tas de javelle
j'ai vû mon cœur outrager ,
& avec quelle joie elle
ne laissoit rien désirer.
Non non Colette n'est plus fidelle
la perfide aime à changer.

Contens tous deux de leurs flâmes
ils se firent leurs adieux,
& l'yvresse de leurs ames,
étoit peinte dans leurs yeux.
Non non Colette n'a plus de charmes ,
puisqu'elle me rend malheureux.

CHANSON NOUVELLE,

Sur un air nouveau.

MA mere, mariez-moi,
vous sçavez bien pourquoi,
je veux être en ménage
j'ai calculé mon âge
j'ai passe quatorze ans,
ah ! ah ! ah ! par ma foi il est tems.
Comment ? petite rusée,
que tu es effrontée
de parler de la sorte,
je te mettrai à la porte
je t'assommerai de coups
plutôt que de te donner un époux.
Ma chere mere, appaisez-vous,
calmez votre couroux
il n'est pas nécessaire,
de vous mettre en colere,
tout cela ne sert de rien
ah ! ah ! ah ! ma mere, je me sens bien.
Loin de te donner un amant,
dans un austere couvent,

tu feras Religieuse,
tu apprendras, morveuse,
à fuivre & à fçavoir
comme il faut te ranger à ton devoir.

    Du Couvent, n'en parlez pas,
j'aimerai mieux le trépas,
je crains d'être Nonette,
je hais trop la retraite
ferrée comme un étui
ma mere, j'aime mieux un mari.

    Marianne, tu ne fçais pas
les trains & les tracas
que l'on trouve en ménage,
dedans le mariage
quand on a des enfans
c'eft-là que l'on regrette le bon tems.

    Vous me parlez d'enfans,
dedans très-peu de tems
j'en mettrai un au monde
car je fuis toute ronde,
ainfi voyez, maman
qu'il ne me faut point
parler du Couvent.

    Je l'ai toujours prédit,
car tu as trop d'efprit,
pour être ol lfille
tu es trop peu docile,
marie-toi, je le veux bien,

que ce soit pour ton mal
ou pour ton bien.

Convenez , chere maman,
que vous en fites autant
avec mon cher pere,
il sçut vous satisfaire,
vous me l'avez dit un jour;
par ainsi je veux
avoir mon tour.

FIN.

*Vû l'Approbation, permis d'impri-
mer & distribuer à Paris.*
BERRYER.

Chez la Veuve VALLEYRE.